Para esta edición, se han seleccionado frases
de los siguientes libros de Paulo Coelho:

1. Edición en español:

El Alquimista, Editorial Grijalbo, México, 1997
y Editorial Planeta, Buenos Aires, 1997
El Peregrino, Editorial Grijalbo, México, 1996
y Editorial Planeta, Buenos Aires, 1993
Brida, Editorial Planeta, Buenos Aires, 1994
A orillas del río Piedra me senté y lloré, Editorial Grijalbo, México, 1996
y Editorial Planeta, Buenos Aires, 1996
La quinta montaña, Editorial Grijalbo, México, 1997
y Editorial Planeta, Buenos Aires, 1997

2. Edición en portugués:

Las Walkirias, Editora Rocco, Río de Janeiro, 1995
El manual del guerrero de la luz, Editora Objetiva, 1997

Paulo Coelho

Palabras esenciales

Edición original en rústica: Ediouro S.A,
San Pablo, 1995

Traducción del portugués, actualización y
edición: Lidia Maria Riba

Diseño: Renata Biernat
Ilustraciones de tapa e interior: Acuarelas de
Ana Cenzato
Dirección de arte: Trinidad Vergara

ISBN 987-9201-19-1

Fotocromía: DTP Ediciones. Bs. As. Argentina.
Impreso en Singapur por ProVision Pte.Ltd.
Co-edición realizada por Vergara & Riba
Editoras S.A., Buenos Aires, Argentina, y
RotoVision S.A., Crans, Suiza.

Printed in Singapur
Agosto de 1998

Paulo Coelho

Palabras esenciales

Indice

Los Sueños

*Cuando quieres algo, todo el Universo conspira
para que realices tu deseo.*

De El Alquimista

*P*ara alcanzar su sueño un guerrero de la luz necesita de una voluntad firme y de una inmensa capacidad de entrega. Aunque tenga un objetivo, el camino para lograrlo no siempre es aquel que se imagina.

De El Manual del Guerrero de la Luz

*L*as tareas cotidianas jamás impidieron a alguien seguir sus sueños.

De Las Walkirias

*N*adie está a salvo de las derrotas. Pero es mejor perder algunos combates en la lucha por nuestros sueños, que ser derrotado sin saber siquiera por qué se está luchando.

De A orillas del río Piedra...

*El Buen Combate es aquel que se libra
en nombre de nuestros sueños;
fue transportado de los
campos de batalla hacia
el interior de nosotros mismos.*

De El Peregrino

*C*uanto más se aproxima uno al sueño, más se va convirtiendo la Leyenda Personal en la verdadera razón de vivir.

De *El Alquimista*

*U*n profeta es alguien que continúa escuchando las mismas voces que oía en la infancia. Y cree en ellas.

De *La Quinta Montaña*

*S*ólo una cosa convierte en imposible un sueño: el miedo a fracasar.

De *El Alquimista*

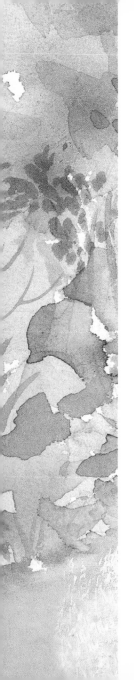

*L*a única manera de seguir nuestros sueños es ser generosos con nosotros mismos.

De *El Peregrino*

*U*n guerrero de la luz sabe que el acto de perdonar no lo obliga a aceptar todo; no puede bajar la cabeza porque pierde de vista el horizonte de sus propios sueños.

De *El Manual del Guerrero de la Luz*

*S*in fe, se puede perder un juego cuando ya está casi ganado.

De *El Peregrino*

El mundo está en manos de aquellos que tienen el coraje de soñar y de correr el riesgo de vivir sus sueños.

De *Las Walkirias*

El miedo a sufrir es peor que el propio sufrimiento. Y ningún corazón sufrió jamás cuando fue en busca de sus sueños.

De *El Alquimista*

El hombre no puede dejar de soñar. El sueño es el alimento del alma, como la comida es el alimento del cuerpo.

De *El Peregrino*

*C*uando renunciamos a nuestros sueños, encontramos la paz y tenemos un breve período de tranquilidad. Pero los sueños muertos comienzan a pudrirse dentro de nosotros y a infectar todo el ambiente en el que vivimos. Lo que queríamos evitar en el combate -la decepción y la derrota- se convierte en el único legado de nuestra cobardía.

De *El Peregrino*

*L*os sueños tienen un precio. Hay sueños caros y baratos, pero todos tienen un precio.

De *Las Walkirias*

La posibilidad
de hacer realidad un sueño
es justamente lo que
vuelve la vida interesante.

De El Alquimista

El primer síntoma de que estamos matando nuestros sueños es la falta de tiempo. Las personas más ocupadas logran tiempo para todo. Las que no hacen nada están siempre cansadas, no consiguen realizar el poco trabajo que tienen y se quejan de que el día es demasiado corto.

De El Peregrino

*U*n guerrero de la luz raramente habla de sus planes. Sabe que cada vez que habla de un sueño, usa un poco de la energía de ese sueño para expresarse. De tanto hablar, corre el riesgo de gastar toda la energía necesaria para actuar.

Y un guerrero de la luz conoce el poder de las palabras.

De *El Manual del Guerrero de la Luz*

*P*ocos aceptan el peso de la propia victoria; la mayoría desiste de los sueños cuando éstos se tornan posibles.

De *El Peregrino*

Seas quien fueres o lo que hagas,
si deseas algo con firmeza,
es porque ese deseo nació antes en el alma
del Universo. Y es tu misión en la Tierra.

De El Alquimista

El Amor

*Cuando se ama, no es necesario
entender todo lo que sucede allá afuera,
porque todo sucede
dentro de nosotros.*

De El Alquimista

*E*sto es la libertad: sentir lo que el corazón desea, independientemente de la opinión de los otros. El amor libera.

De *La Quinta Montaña*

*E*l amor se descubre a través de la práctica de amar y no de las palabras.

De *A orillas del río Piedra...*

*E*l verdadero amor no consiste en tratar de corregir a los otros, sino en alegrarse al ver que las cosas son mejores de lo que esperábamos.

Inédita

*T*oda la vida del hombre sobre la faz de la tierra se resume en la búsqueda del amor. No importa si finge correr detrás de la sabiduría, del dinero o del poder.

De *Brida*

*E*l amor sólo descansa cuando muere. Un amor vivo es un amor en conflicto.

De *Las Walkirias*

*E*l amor es un riesgo, pero siempre fue así. Hace millares de años que las personas se buscan y se encuentran.

De *Brida*

Amar es observar las mismas montañas desde ángulos diferentes.

De Las Walkirias

*El amor jamás separará a un hombre
de su Leyenda Personal.*

De El Alquimista

*P*ara un guerrero de la luz no existe un amor imposible. No se deja intimidar por el silencio, por la indiferencia o por el rechazo. Sabe que, detrás de la máscara de hielo que las personas usan, existe un corazón de fuego.

Un guerrero de la luz no se deja asustar cuando busca lo que necesita. Sin amor, él no es nada.

De *El Manual del Guerrero de la Luz*

*P*or el brillo en los ojos, desde el comienzo de los tiempos, las personas reconocen a su verdadero amor.

De *Brida*

El amor es como las represas: si se deja una brecha por donde pueda meterse un hilo de agua, en seguida empieza a destruir las paredes. Llega un momento en que ya nadie puede controlar la fuerza de la corriente.

De *El Peregrino*

Un guerrero de la luz sabe que las batallas que libró en el pasado siempre le dejaron alguna enseñanza. Más de una vez perdió su tiempo luchando por una mentira y sufrió por personas que no estaban a la altura de su amor.
Los victoriosos no repiten el mismo error. Por eso el guerrero sólo arriesga su corazón por algo que vale la pena.

De *El Manual del Guerrero de la Luz*

Siempre existe en el mundo una persona que
espera a otra, ya sea en el medio del desierto
o en medio de una gran ciudad. Y cuando estas
personas se cruzan y sus ojos se encuentran,
todo el pasado y todo el futuro
pierden completamente su importancia
y sólo existe aquel momento.

De El Alquimista

La Sabiduría

*C*uando alguien evoluciona, también evoluciona todo a su alrededor. Cuando tratamos de ser mejores de lo que somos, todo a nuestro alrededor también se vuelve mejor.

De *El Alquimista*

*C*iertas cosas son tan importantes que es necesario que sean descubiertas solas.

Inédita

*E*l mundo se transforma y nosotros somos parte de esa transformación. Los ángeles nos guían y nos protejen.

De *Las Walkirias*

*E*l verdadero camino de la sabiduría se identifica por apenas tres cosas: debe tener amor, ser práctico y puede ser recorrido por cualquiera.

De *El Peregrino*

*E*l conocimiento sin transformación no es sabiduría.

De *Brida*

*E*scucha a tu corazón. El conoce todas las cosas porque viene del Alma del Mundo y un día retornará a ella.

De *El Alquimista*

*U*n guerrero de la luz comparte con los otros lo que sabe del camino. El que ayuda siempre es ayudado y necesita enseñar lo que aprendió.

De *El Manual del Guerrero de la Luz*

*L*as cosas simples son la más extraordinarias y sólo los sabios consiguen verlas.

De *El Alquimista*

*Q*uien no duda de sí mismo es indigno, porque confía ciegamente en su capacidad y peca por orgullo. Bendito aquel que pasa por momentos de indecisión.

De *La Quinta Montaña*

*L*as flores reflejan bien la Verdad. Quien intente poseer una flor verá marchitarse su belleza. Pero quien mire una flor en el campo la poseerá para siempre.

De *Brida*

*L*os hombres que se creen sabios son indecisos a la hora de mandar y rebeldes a la hora de servir.

De *El Peregrino*

*C*uanto más te comprendas a ti mismo, más comprenderás al mundo.

De *Brida*

*E*l secreto de la sabiduría es no tener miedo de equivocarnos.

De *Brida*

*E*l mayor de todos los pecados: el arrepentimiento.

De *El Peregrino*

*J*uzgarse peor que los demás es uno de los más violentos actos de orgullo, porque es usar la manera más destructiva posible de ser diferente.

De *Brida*

*Siempre tendemos a ver
cosas que no existen
y permanecemos ciegos
ante las grandes lecciones
que se encuentran
frente a nuestros ojos.*

De El Peregrino

*L*as puertas del Paraíso fueron abiertas de nuevo. Por algún tiempo -nadie sabe exactamente cuánto- podrán entrar todos los que perciban que esas puertas están abiertas.

De *Las Walkirias*

*Q*uien se juzga lleno de virtudes se paraliza. Pero quien se juzga lleno de culpas también se paraliza.

Inédita

A veces un guerrero de la luz piensa: "Aquello que yo no haga, no será hecho". No es así: él debe actuar, pero también debe dejar que el Universo actúe en su debido momento.

De *El Manual del Guerrero de la Luz*

*L*a mayor grandeza que un ser humano puede experimentar es la aceptación del misterio.

De *Brida*

*A*cuérdate de saber siempre lo que quieres.

De *El Alquimista*

*A*prender algo significa entrar en contacto con un mundo desconocido. Es preciso ser humilde para aprender.

De *Brida*

*S*ólo aceptamos una verdad cuando primero la negamos desde el fondo del alma.

De *El Alquimista*

*U*n hombre que preserva sus amigos jamás es dominado por las tempestades de la existencia; tiene fuerzas para sobrellevar las dificultades y para salir adelante.

De *El Manual del Guerrero de la Luz*

*L*a vanidad puede ser un buen estímulo. El dinero también. Pero nunca podemos confundirlos con objetivos.

Inédita

Desde lo alto de una montaña somos capaces de ver todo pequeño. Nuestras glorias y nuestras tristezas dejan de ser importantes. Aquello que conquistamos o perdemos queda abajo. Desde lo alto de la montaña, vemos que el mundo es grande y los horizontes, anchos.

De La Quinta Montaña

La Felicidad

Si escucha a su corazón, una persona se deslumbra ante el misterio de la vida, está abierta a los milagros y siente alegría y entusiasmo por lo que hace.

De *A orillas del río Piedra ...*

Cada hombre tiene un tesoro que lo está esperando.

De *El Alquimista*

La búsqueda de la felicidad es personal y no un modelo que podamos dar a los demás.

De *El Peregrino*

*L*a felicidad a veces es una bendición pero, general-mente, es una conquista.

De A orillas del río Piedra...

*Q*ue encuentres algo muy importante en tu vida, no quiere decir que debas renunciar a todo lo demás.

De Brida

*L*a forma de corregir el pecado es andar siempre hacia adelante, adaptándonos a nuevas situaciones y recibiendo, a cambio, las bendiciones que la vida da con tanta generosidad a los que se las piden.

De El Peregrino

En nuestras plegarias siempre hablamos de nuestras equivocaciones y de lo que quisiéramos que nos sucediera. Pero el Señor ya sabe todo eso y a veces sólo nos pide que escuchemos lo que el Universo nos dice. Y que tengamos paciencia.

De La Quinta Montaña

Tu corazón está donde está tu tesoro.
Y es necesario que encuentres tu tesoro
para que todo pueda tener sentido.

De El Alquimista

*L*a mejor manera de servir a Dios es yendo al encuentro de los propios sueños. Sólo quien es feliz puede esparcir felicidad.

De *A orillas del río Piedra...*

*U*n niño siempre puede enseñar tres cosas a un adulto: a alegrarse sin motivo, a estar siempre ocupado con algo y a saber exigir con todas sus fuerzas aquello que desea.

De *La Quinta Montaña*

*L*os sentimientos deben ser libres. No se debe juzgar el amor futuro por el sufrimiento del pasado.

De *A orillas del río Piedra...*

Quien conoce la felicidad nunca más aceptará humildemente la tristeza.

De Brida

Si escuchamos al niño que tenemos en el alma, nuestros ojos volverán a brillar. Si no perdemos contacto con ese niño, no perderemos el contacto con la vida.

De A orillas del río Piedra...

Vivir la Vida como una Aventura

*T*odos los días Dios nos da un momento en que es posible cambiar todo lo que nos hace infelices. El instante mágico es el momento en que un "sí" o un "no" pueden cambiar toda nuestra existencia.

De A orillas del río Piedra...

*D*ebemos aprovechar cuando la suerte está de nuestro lado y hacer todo para ayudarla de la misma manera en que ella nos está ayudando a nosotros.

De *El Alquimista*

*U*n guerrero sabe que es libre para elegir; toma sus decisiones con coraje, desprendimiento y, a veces, con una cierta dosis de locura.

De *El Manual del Guerrero de la Luz*

*L*a mayor mentira del mundo es que, en determinado momento de nuestra existencia, perdemos el control de nuestras vidas y éstas pasan a ser gobernadas por el destino.

De *El Alquimista*

*T*odo lo que está sobre la faz de la Tierra se transforma siempre, porque la Tierra está viva y tiene un Alma. Somos parte de esta Alma y pocas veces sabemos que ella siempre trabaja a nuestro favor.

De *El Alquimista*

*S*ólo entendemos la vida y el Universo cuando no buscamos explicaciones. Entonces todo queda claro.

De *Brida*

*C*uando todos los días parecen iguales es porque hemos dejado de percibir las cosas buenas que aparecen en nuestras vidas.

De *El Alquimista*

A veces, un acontecimiento sin importancia es capaz de transformar toda la belleza en un momento de angustia. Insistimos en ver una pequeña mancha frente a nuestros ojos y olvidamos las montañas, los campos y los olivos.

De *A orillas del río Piedra...*

*L*a única oportunidad que una tragedia nos ofrece es la de reconstruir nuestra vida.

De *La Quinta Montaña*

*H*ay momentos en que las tribulaciones se presentan y no podemos evitarlas. Están allí por algún motivo, pero sólo lo comprendemos cuando las hemos superado.

De *La Quinta Montaña*

Cada persona puede tener dos actitudes
en su existencia: Construir o Plantar.
Los constructores tal vez demoren años pero un
día terminan aquello que estaban haciendo.
Entonces se detienen y quedan limitados
por sus propias paredes. La vida pierde sentido
cuando la construcción acaba.
Los que plantan sufren con las tempestades,
las estaciones y raramente descansan. Pero,
al contrario que un edificio, el jardín jamás
deja de crecer. Y, al mismo tiempo que exige
la atención del jardinero, también permite
que para él, la vida sea una gran aventura.

De Brida

*E*l hombre es el único ser de la Naturaleza que tiene conciencia de que morirá.
Aun sabiendo que todo terminará, hagamos de la vida una lucha digna de un ser eterno.

De *El Peregrino*

*E*s necesario no relajarnos nunca, aunque hayamos llegado muy lejos.

De *El Alquimista*

*E*n la vida todo puede cambiar en el espacio de un simple grito, antes de que las personas puedan acostumbrarse a ellas.

De *El Alquimista*

*U*n síntoma de la muerte de nuestros sueños son nuestras certezas. Como no queremos mirar la vida como una gran aventura a ser vivida, nos juzgamos sabios en lo poco que pedimos de la existencia. Y no percibimos la inmensa Alegría que se halla en el corazón de quien lucha.

De *El Peregrino*

*O*tro síntoma de la muerte de nuestros sueños es la paz. La vida se convierte en una tarde de domingo, sin pedirnos grandes cosas y sin exigir más de lo que queremos dar.

De *El Peregrino*

*T*odo lo nuevo desconcierta. La vida nos encuentra desprevenidos y nos obliga a caminar hacia lo desconocido aunque no lo deseemos, aunque no lo necesitemos.

De *A orillas del río Piedra...*

*L*as decisiones son solamente el comienzo de algo. Cuando alguien toma una decisión, se zambulle en una poderosa corriente que lleva a una persona hasta un lugar que jamás hubiera soñado en el momento de decidirse.

De *El Alquimista*

*E*l esfuerzo es saludable e indispensable. Pero sin resultados no significa nada.

De *El Peregrino*

*E*n verdad, todo problema después de resuelto parece muy simple. La gran victoria –que hoy parece fácil– fue el resultado de una serie de pequeñas victorias que pasaron desapercibidas.

De *El Manual del Guerrero de la Luz*

*C*uántas cosas perdemos por miedo de perder...

De *Brida*

*J*amás dejes que las dudas paralicen tus acciones. Toma siempre todas las decisiones que debas tomar, aun sin tener la seguridad de estar decidiendo correctamente.

De *Brida*

*E*s necesario saber distinguir lo pasajero de lo definitivo. Lo pasajero es lo inevitable y lo definitivo, las lecciones de lo inevitable.

De *La Quinta Montaña*

*E*xisten momentos en la vida en que la única alternativa posible es perder el control.

De *Brida*

*C*uando alguien desea algo debe saber que corre riesgos. Y por eso la vida vale la pena.

De *El Peregrino*

Es en el presente donde está el secreto;
si prestas atención al presente, podrás mejorarlo.
Y si mejoras el presente, lo que sucederá después
también será mejor.
Cada día trae en sí la Eternidad.

De El Alquimista

El Destino

*D*ios ha dado a sus hijos el mayor de los dones: la capacidad de decidir sus actos.

De *La Quinta Montaña*

*N*o necesitamos saber ni "cómo" ni "dónde"; pero hay una pregunta que todos debemos hacernos siempre que comenzamos algo: "¿Para qué hago esto?"

De *Las Walkirias*

*E*l hombre debe elegir, no aceptar su destino.

De *La Quinta Montaña*

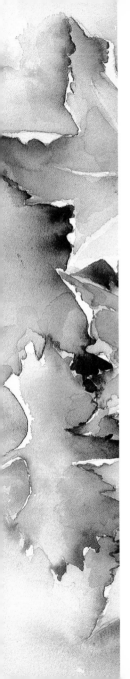

*L*os hombres son dueños de su propio destino. Pueden cometer los mismos errores o, incluso pueden huir de todo lo que desean y de lo que la vida, generosamente, coloca ante ellos.

De *Brida*

*M*uchas personas se dejan fascinar por los detalles y olvidan lo que buscan.

De *El Peregrino*

*E*s preciso correr riesgos, seguir ciertos caminos y abandonar otros. Ninguna persona elige sin miedo.

De *Brida*

Quien interfiere en el destino de los otros nunca encontrará el suyo.

De *El Alquimista*

Realiza tu misión y no te preocupes por la de los demás. Ten la seguridad de que Dios también habla con ellos y de que están tan empeñados como tú en descubrir el sentido de esta vida.

De *Brida*

Un hombre debe pasar por diversas etapas antes de poder cumplir su destino.

De *La Quinta Montaña*

*Cuando se viaja
en pos de un objetivo
es muy importante prestar atención
al Camino. El Camino es el que nos enseña
la mejor forma de llegar y nos enriquece
mientras lo estamos recorriendo.*

De El Peregrino

*D*ios pregunta al hombre en ciertos momentos: "¿Cuál es el sentido de esta existencia llena de sufrimiento?" El hombre que no sabe responder a esa pregunta se conforma. Mientras que el otro, el que busca un sentido a su vida, considera que Dios ha sido injusto y decide desafiar su propio destino.

De *La Quinta Montaña*

*D*ios sonríe porque es esto lo que Él quiere: que cada uno tenga en sus manos la responsabilidad de su propia vida.

De *La Quinta Montaña*

*U*na cosa es que creas que estás en el camino cierto; otra es creer que es el único. Jamás podemos juzgar la vida de los demás, porque cada uno sabe de su propio dolor y de sus renuncias.

De *A orillas del río Piedra...*

*C*uando un hombre busca su destino, se ve forzado muchas veces a cambiar de rumbo. Otras, las circunstancias externas son más fuertes y se ve obligado a acobardarse y ceder. Todo esto forma parte del aprendizaje.

De *La Quinta Montaña*

*T*odas las personas al comienzo de su juventud
saben cuál es su Leyenda Personal.
En ese momento de la vida todo es claro, todo es
posible y no tienen miedo de soñar.
No obstante, a medida que el tiempo va
pasando, una misteriosa fuerza trata de
convencerlas de que es imposible realizar esa
Leyenda Personal.

De El Alquimista

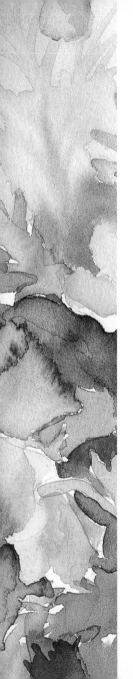

*T*odo hombre tiene derecho a dudar de su tarea y a abandonarla de vez en cuando; lo único que no puede hacer es olvidarla.

De *La Quinta Montaña*

*N*o son las explicaciones las que nos hacen avanzar; es nuestra voluntad de seguir adelante.

De *Brida*

*D*ios escribió en el mundo el camino que cada hombre debe seguir.

De *El Alquimista*

*E*l don es de quien quiera aceptarlo. Basta con creer, aceptar y no tener miedo de cometer algunos errores.

De *A orillas del río Piedra...*

*E*n algunas personas ese don se manifiesta espontáneamente. Otras necesitan trabajar para encontrarlo.

De *A orillas del río Piedra...*

A cada momento de nuestra existencia tenemos que elegir entre una alternativa y otra. Una simple decisión puede afectar a una persona por el resto de su vida.

De *El Peregrino*

Un guerrero sabe que el fin nunca justifica los medios. Porque no existe el fin; sólo existen los medios. Si él piensa sólo en la meta, no logrará prestar atención a las señales del camino. Si se concentra apenas en una pregunta, perderá varias respuestas que están a su lado. Por eso el guerrero se entrega.

De El Manual del Guerrero de la Luz

Dios

Dios es el mismo aunque tenga
mil nombres; pero tienes que elegir
un nombre para llamarlo.

De A orillas del río Piedra ...

Sólo un hombre que no se avergüenza de sí mismo es capaz de manifestar la gloria de Dios.

De *Las Walkirias*

El Señor escucha las plegarias de los que piden para olvidar el odio. Pero está sordo para los que quieren huir del amor.

De *La Quinta Montaña*

No le ofrezcas a Dios sólo el dolor de tus penitencias. Ofrécele también tus alegrías.

De *El Peregrino*

*D*ios es la palabra. Ten cuidado con lo que dices en cualquier situación o instante de tu vida.

De *Brida*

*L*a fe es una conquista difícil que exige combates diarios para ser mantenida.

De *Las Walkirias*

*S*ólo nos lleva a Dios aquel camino que cualquier persona puede recorrer.

De *El Peregrino*

*L*legamos exactamente donde debemos llegar porque la mano de Dios siempre guía a aquel que marcha con fe.

De *El Peregrino*

*L*a mejor manera de sumergirse en Dios es a través del amor.

De *Brida*

*L*os sabios entendieron que este mundo natural es solamente una imagen y una copia del paraíso. La simple existencia de este mundo es la garantía de que existe otro más perfecto que éste.

De *El Alquimista*

*L*os ángeles -aunque están siempre presentes- se hacen notar sólo a aquellos que creen en su existencia.

De *Las Walkirias*

*D*onde desees ver el rostro de Dios, lo verás. Y si no quieres verlo, no hace la más mínima diferencia, siempre que tu obra sea buena.

De *El Peregrino*

*D*ios, con su infinita sabiduría, escondió el infierno en el medio del paraíso para que siempre estuviésemos atentos.

De *A orillas del río Piedra...*

La Verdad siempre está donde existe la Fe.
Los budistas, los hindúes, los indios,
los musulmanes, los judíos, todos
tienen razón: siempre que el hombre
siga con sinceridad el camino
de la fe, será capaz
de aproximarse a Dios
y de obrar milagros.

De A orillas del río Piedra ...

Sólo los hombres y mujeres con la sagrada llama en el corazón poseen el valor de enfrentar a Dios. Y sólo estos conocen el camino de vuelta hasta Su amor, porque entienden finalmente que la tragedia no es un castigo, sino un desafío.

De *La Quinta Montaña*

Dios está donde lo dejan entrar.

De *El Alquimista*

Existen muchas maneras de cometer suicidio. Quienes intentan matar el cuerpo ofenden la ley de Dios. Quienes intentan matar el alma también ofenden esa ley, aunque esta falta sea menos visible a los ojos del hombre.

De *A orillas del río Piedra...*

*U*n guerrero de la luz medita. Mientras lo hace no es él, sino un reflejo del Alma del Mundo. Esos momentos le permiten comprender su responsabilidad y actuar de acuerdo con ella.
Un guerrero de la luz sabe que, en el silencio de su corazón, existe un orden que lo orienta.

De *El Manual del Guerrero de la Luz*

*N*ada es una oportunidad única. El Señor concede a los hombres muchas oportunidades.

De *La Quinta Montaña*

*R*ecuerda que el primer camino directo hacia Dios es la oración. Y el segundo camino directo es la alegría.

De *Brida*

*L*as palabras de Dios están escritas en el mundo que nos rodea. Basta prestar atención a lo que sucede en nuestra vida para descubrir, en cualquier momento del día, dónde esconde El sus palabras y su voluntad.

De *La Quinta Montaña*

A veces, ciertas bendiciones de Dios entran astillando todos los vitrales.

De *Brida*

*C*uando la oración se hace con las palabras del alma es mucho más poderosa.

De *Brida*

Sólo sentimos miedo de perder aquello que tenemos, ya sean nuestras vidas o nuestras posesiones. Pero este miedo pasa cuando entendemos que nuestra historia y la historia del mundo fueron escritas por la misma Mano.

De El Alquimista

Ser un Guerrero de la Luz

*Somos responsables por todo lo que sucede
en este mundo. Somos los Guerreros de la Luz.
Con la fuerza de nuestro amor, de nuestra
voluntad, podemos cambiar nuestro destino
y el destino de mucha gente.*

De Las Walkirias

*T*odo guerrero de la luz tuvo miedo antes de entrar
en combate.
Todo guerrero de la luz traicionó y mintió en el pasado.
Todo guerrero de la luz falló en sus obligaciones espirituales.
Todo guerrero de la luz dijo sí cuando quería negarse.
Todo guerrero de la luz hirió a alguien que amaba.

Por eso es un guerrero de la luz: porque pasó por todo eso
y no perdió la esperanza de ser mejor de lo que era.

De *El Manual del Guerrero de la Luz*

*E*xisten derrotas, pero no existe el sufrimiento.
Un verdadero guerrero sabe que, al perder una batalla,
mejora su arte de manejar la espada. Sabrá luchar con más
habilidad en el próximo combate.

De *A orillas del río Piedra...*

*E*l luchador experimentado soporta insultos; conoce la fuerza de su puño, la habilidad de sus golpes. Mira a su oponente y lo vence sin necesidad de traer la lucha al plano físico. Así como el luchador, el guerrero de la luz conoce su fuerza inmensa; jamás lucha con quien no merece la honra del combate.

De *El Manual del Guerrero de la Luz*

*U*n guerrero acepta la derrota. No la trata de forma indiferente, ni intenta transformarla en victoria. Se amarga con el dolor de la pérdida, sufre con la indiferencia y se desespera con la soledad. Pero, después de que pasa todo eso, lame sus heridas y comienza otra vez. Un guerrero sabe que una guerra está compuesta por muchas batallas. Y sigue adelante.

De *La Quinta Montaña*

En el Buen Combate, atacar o huir
forman parte de la lucha.
Lo que no forma parte de la lucha
es quedar paralizado de miedo.

De El Peregrino

*U*n guerrero sabe que la perseverancia no tiene nada que ver con la insistencia. Existen épocas en que los combates se prolongan más allá de lo necesario, agotando sus fuerzas y debilitando su entusiasmo. Entonces, se retira del campo de batalla y se da una tregua a sí mismo.

De *El Manual del Guerrero de la Luz*

*Q*uien mejor maneja la espada es aquel que, sin desenvainarla, consigue probar que nadie podrá vencerlo.

De *La Quinta Montaña*

$\mathcal{U}$n guerrero de la luz necesita paciencia y rapidez al mismo tiempo. Los dos mayores errores de una estrategia son: actuar antes de hora o dejar que la oportunidad pase de largo. Para evitar esto, el guerrero trata cada situación como si fuese única y no aplica fórmulas, recetas u opiniones ajenas.

De *El Manual del Guerrero de la Luz*

$\mathcal{A}$ntes de empuñar la espada, la mano debe localizar al enemigo y saber cómo enfrentarlo. La espada apenas da el golpe. Pero la mano ya es victoriosa o perdedora antes de ese golpe.

De *El Peregrino*

Quien desee hacer frente al Buen Combate
tiene que mirar el mundo como si fuese
un tesoro inmenso que está allí esperando
para ser descubierto y conquistado.

De. El Peregrino

Sin quererlo, un guerrero de la luz ha dado un paso en falso y se ha hundido en el abismo. Como buscaba el Buen Combate jamás pensó que esto podría sucederle. Envuelto por la oscuridad, se comunica con su maestro.

Maestro, caí en el abismo –dice-. Las aguas son profundas y oscuras.

Recuerda, –responde el maestro- lo que ahoga a alguien no es la caída, sino el hecho de permanecer debajo del agua.

Y el guerrero usa sus fuerzas para salir de la situación en que se encuentra.

De El Manual del Guerrero de la Luz

No pretendas ser valiente cuando ser inteligente es suficiente.

De El Peregrino

*E*l mejor guerrero es aquel que consigue transformar al enemigo en amigo.

De *La Quinta Montaña*

*E*l lenguaje de tu corazón determinará la manera correcta de esgrimir tu espada.

De *El Peregrino*

*U*n guerrero de la luz sabe que sus victorias, sus derrotas, su entusiasmo y su desánimo, hacen parte del Buen Combate. Un guerrero no trata de ser siempre coherente, aprende a vivir con sus contradicciones.

De *El Manual del Guerrero de la Luz*

El secreto de cualquier conquista es el más simple del mundo: saber qué hacer con ella.

De *El Peregrino*

Un guerrero de la luz cree. Y porque cree en milagros, los milagros comienzan a suceder. Porque tiene la certeza de que su pensamiento puede cambiar su vida, su vida comienza a cambiar. Porque está seguro de que encontrará el amor, ese amor aparece.

De *El Manual del Guerrero de la Luz*

Ningún hombre es una isla. Para luchar en el Buen Combate precisamos ayuda.

De *El Peregrino*

*Un guerrero de la luz es capaz
de entender el milagro de la vida,
de luchar hasta el final por lo que cree y,
en ese momento, escuchar las campanas
que el mar hace sonar en su lecho.*

De El Manual del Guerrero de la Luz